AF494953

DU CRÉDIT FONCIER

ET DE LA

BANQUE HYPOTHÉCAIRE

PAR

M. JULES TEISSIER-ROLLAND,

Membre de plusieurs Sociétés savantes et du Conseil-Général du Gard.

N'est-il pas urgent de faire quelque chose?...

NIMES.

TYPOGRAPHIE BALLIVET ET FABRE,
RUE DE L'HOTEL-DE-VILLE, 11.

1850.

DU CRÉDIT FONCIER

ET DE

LA BANQUE HYPOTHÉCAIRE.

« Si le feu menace la cité, — que chacun se prépare à l'éteindre sans alléguer son peu de force, d'habileté ou l'exiguité de son vase..... »

La souffrance des populations rurales, l'importance du sujet, l'inutilité des efforts tentés jusqu'à ce jour me décident à communiquer au public l'esquisse d'un projet de *liquidation générale* DE LA DETTE HYPOTHÉCAIRE FRANÇAISE.

Je fournirai bientôt à l'appui quelques considérations sérieuses

SUR :

L'importance prépondérante de l'agriculture dans notre pays ;

Les causes qui nuisent à ses progrès ;

La détresse de la majorité des propriétaires du sol ;

La nécessité urgente d'y remédier.

Je ferai connaître les moyens de crédit foncier mis en œuvre à l'étranger ;

Les systèmes divers proposés pour la France.

Après avoir montré que tout ce qu'on a conseillé pour nous, serait impraticable ou inefficace, — je tâcherai de prouver, au contraire, la facilité de la mise en œuvre, et la certitude d'effet des idées que, pour être mieux compris, je présente sous la forme de Projet de loi, sans cela beaucoup trop ambitieuse.

Par un commentaire rapide sur chaque article, je fournirai, en terminant, les développements et les justifications nécessaires.

Agissons, le temps presse : — La misère et le poids de leurs dettes accablent et découragent les meilleurs citoyens; — le patriotisme s'affaiblit; — la société est ébranlée.

Qu'une salutaire espérance vienne fortifier le sentiment du devoir. — Resserrons les liens du faisceau civique; — changeons, s'il en est temps encore, en amour pour nos institutions, des sentimens trop nombreux d'irritation et de haine.

Il n'est qu'un moyen efficace à mes yeux :

Quel que soit maintenant l'état fâcheux de sa fortune et de ses affaires, — il faut que chaque citoyen sache et comprenne — qu'il pourra se relever désormais par le travail, l'ordre et l'économie;

Qu'il ne s'épuisera plus vainement dans une voie sans issue;

Et que, si l'imprudence ou le malheur l'y ont jeté, — la loi va lui donner la possibilité d'en sortir, avec honneur, après de généreux efforts.

PROJET DE LOI

SUR L'ÉTABLISSEMENT D'UNE BANQUE DE LIQUIDATION DE LA DETTE HYPOTHÉCAIRE.

ARTICLE PREMIER.

Il sera créé en France, dans l'intérêt de l'agriculture, une Banque spéciale destinée à l'extinction graduelle de toutes les dettes hypothécaires et à la libération de toutes les propriétés du territoire français (*a*).

ART. 2.

Cet établissement de haute utilité publique sera formé sous le patronage et agira sous la direction du gouvernement, qui en nommera tous les fonctionnaires et administrateurs (*b*).

ART. 3.

Pour qu'elle puisse procéder efficacement à ses opérations, la Banque spéciale sera substituée *temporairement* aux droits, actions et priviléges de tous les créanciers hypothécaires de France, dont les titres et les inscriptions seront reconnus valables et réguliers (*c*).

ART. 4.

Pour désintéresser les créanciers de cette cession

temporaire de leurs droits, actions et priviléges, il leur sera délivré par la Banque spéciale des bons ou coupons provisoires de mille ou de cinq cents francs, pour des sommes égales au montant de leurs créances. Toute créance ou appoint de créance qui ne s'élèvera pas à cinq cents francs sera payé en espèces, dès que l'encaisse de la banque le permettra : il sera délivré des coupons spéciaux pour ces quotités minimes (*d*).

Art. 5.

L'ordre des créances, ou leur fixation hypothécairement utile, sera dressé par les comités du contentieux de la Banque spéciale, de même que les tribunaux procèdent pour les verbaux d'ordre, et l'on ajoutera à chaque capital deux annuités d'intérêts, le prorata de la courante et le montant des frais régulièrement imputables.

La Banque spéciale n'aura pas à s'occuper de ce qui pourra être dû de plus, à moins que, pour cela, le débiteur ne consente au créancier un titre nouveau avec affectation hypothécaire.

Art. 6.

A dater de la promulgation de la présente loi, les créanciers auront trois mois pour opérer tous règlements convenables avec leurs débiteurs, se faire consentir tous titres et prendre toutes inscriptions légitimes.

Les débiteurs auront le même délai pour exiger toutes quittances et radiations totales ou partielles des sommes dont ils se seraient libérés en tout ou en partie.

Ces règlements fixeront leurs rapports ultérieurs avec la Banque (*e*).

ART. 7.

Les bons provisoires, mentionnés en l'article 4, porteront intérêt à quatre pour cent l'an, payable par la Banque spéciale, comme celui des effets publics l'est par l'Etat, savoir par moitié de six en six mois et à terme échu (*f*).

ART. 8.

Chaque débiteur dont les biens sont grevés d'inscriptions paiera aussi provisoirement à la Banque spéciale l'intérêt à quatre pour cent des sommes inscrites; cet intérêt sera payable aussi par moitié de six en six mois, mais par avance.

ART. 9.

Il sera fait aussitôt que possible, par les comités du contentieux de la Banque spéciale, un examen de toutes les créances hypothécaires en possession desquelles elle aura été mise *provisoirement*.

Toutes ces créances seront divisées en quatre classes ou catégories :

1° Celles auxquelles est attaché le privilége de vendeur ou tout autre quelconque. Pour compléter cette classe, on y joindra ce qu'il faudra de créances non privilégiées, prises parmi celles que leur rang place immédiatement après, de manière à ce que les unes et les autres n'absorbent pas plus du tiers de la valeur des propriétés affectées à leur garantie ;

2° Les créances qui, placées dans un rang moins favorable, absorberaient le second tiers de ladite valeur ;

3° Celles qui, dans une position moins bonne encore, n'auraient plus pour gage que le dernier tiers ;

4° Enfin, celles qui se trouveraient dans un rang tel que la valeur de la propriété serait absorbée avant qu'aucune répartition pût les atteindre.

Art. 10.

Pour déterminer les droits et les rapports des créanciers et des débiteurs avec la Banque spéciale et ses opérations, la valeur de toutes les propriétés de la France est déclarée, quant à ladite Banque et auxdites opérations, provisoirement fixée à vingt-cinq fois le revenu cadastral ; — mais cette fixation pourra être modifiée comme on le verra ci-après (*g*) :

Art. 11.

Une fois le classement de toutes les créances hypothécaires fait, comme il est dit en l'article 9, les bons provisoires de la Banque spéciale seront échangés contre des bons définitifs de trois espèces différentes, représentant les trois premières catégories de créances de cet article.

Art. 12.

Il n'y aura pas de mutation de bons pour la quatrième catégorie ; les bons provisoires qui s'y rapportent resteront dans les mains de leurs possesseurs, jusqu'au moment où la liquidation de tout ou partie du montant des trois premières classes permettra aux créances de la quatrième de prendre un rang utile sur les propriétés qui leur sont affectées. Alors ces bons provisoires seront échangés, à leur tour, contre des bons définitifs.

Art. 13.

Après l'établissement des catégories mentionnées en l'article 9, les bons définitifs porteront seuls intérêt.

Les porteurs de bons provisoires se rapportant à la quatrième catégorie cesseront d'en percevoir jusqu'à ce que leurs titres puissent être transformés en bons définitifs. Mais les intérêts non payés, calculés à quatre pour cent, s'ajouteront de droit au capital, pour entrer ultérieurement avec lui en rang utile et en liquidation (*h*).

Art. 14.

Comme il a été réglé en l'art. 7, pour les bons provisoires, l'intérêt afférent aux bons définitifs sera de quatre pour cent, payable à terme échu, par moitié et de six en six mois, par la Banque spéciale, comme le Trésor paie les rentes sur l'Etat.

Art. 15.

La Banque spéciale remboursera en espèces, de cinq en cinq ans, et par fractions, le capital de ces bons, de manière à ce que leur liquidation soit complètement effectuée, au plus tard, dans le délai de trente années. Les paiements par à-comptes auront lieu, comme il est dit ci-après, suivant l'ordre des catégories, et, dans chacune d'elles, suivant le numéro que le sort assignera à chaque créancier. L'importance des sommes remboursées dépendra de celles de l'encaisse. Le premier paiement sur les capitaux n'aura lieu que cinq ans après la mise en exercice de la Banque spéciale (*i*).

Art. 16.

Les propriétaires dont la Banque devra liquider les dettes inscrites en rang utile lui paieront pendant trente ans un intérêt annuel de cinq pour cent du capital desdites dettes, et cela, par moitié de six en six mois et par avance. Jusqu'à nouveau classement, ces propriétaires n'auront rien à payer à la Banque pour la portion de leurs dettes placée dans la quatrième catégorie, c'est-à-dire pour celles dont l'inscription n'entre pas en rang utile sur la valeur de leurs immeubles.

Art. 17.

Du montant de ces annuités payées à cinq pour cent, les quatre cinquièmes seront employés, comme il est dit ci-dessus, à l'acquittement de l'intérêt des bons définitifs émis par la Banque. L'autre cinquième, payé par les propriétaires à libérer, sera employé à l'amortissement du capital des dettes hypothécaires, c'est-à-dire à éteindre le passif de la Banque spéciale. L'action de cet amortissement sera accélérée en ce que les débiteurs primitifs des créances successivement éteintes par la Banque lui paieront pendant trente ans l'intérêt total de ces créances à cinq pour cent, tandis que celle-ci, qui ne paiera qu'à quatre l'intérêt de ses bons, profitera, de cinq en cinq ans, de la diminution d'intérêts à payer résultant du retirement successif de ces bons eux-mêmes.

Art. 18.

De cinq en cinq ans, les propriétaires et les créanciers de biens partiellement dégrevés ;

Les propriétaires et les créanciers de biens d'abord déclarés iusuffisants, de telle sorte que partie des créances inscrites sur ces biens aurait été rejetée dans la quatrième catégorie ;

Ces propriétaires et ces créanciers jouiront, chacun, du droit de demander l'expertise des biens que les premiers possèdent ou qui sont affectés au paiement des créances des seconds. Cette expertise sera exécutée aux frais du réclamant, mais par des agents attachés au service de la Banque spéciale.

Art. 19.

S'il est reconnu, par suite de cet examen, que les propriétés hypothéquées valent réellement trente, quarante ou cinquante fois le revenu cadastral, alors une portion proportionnelle des dettes dont ces propriétés sont grevées, et qui a été placée dans la quatrième catégorie, passera dans la troisième, et une portion proportionnelle aussi des bons provisoires délivrés aux créanciers respectifs sera échangée contre des bons définitifs, en rapport avec la valeur des propriétés fixée par l'expertise, et avec la position hypothécaire des créanciers inscrits. Ces nouveaux bons définitifs produiront intérêt et jouiront des mêmes droits et avantages que ceux de leur catégorie.

Art. 20.

Les propriétaires des biens expertisés paieront à la Banque spéciale un intérêt annuel de cinq pour cent de la valeur qui peut grever utilement leurs biens d'après l'expertise, c'est-à-dire un intérêt proportionnel :

1° Au capital primitivement classé ;

2° Au nouveau capital qu'on aura jugé susceptible de frapper hypothécairement lesdits biens, en rang utile.

Art. 21.

Lorsqu'au moyen de l'un pour cent de retenue, de ses autres ressources sus-mentionnées ou de celles indiquées ci-après, la Banque aura racheté un dixième de ses bons définitifs, qui devront être annulés au fur et à mesure de ce rachat, — elle sera tenue de faire passer, de la quatrième catégorie dans la troisième, une partie proportionnelle des créances d'abord placées dans la plus mauvaise condition.

Ce nouveau classement aura lieu conformément au

rang, et au prorata de la valeur des titres de chacun des créanciers, auxquels il sera donné pour une somme proportionnelle de bons définitifs, en échange de pareille somme de bons provisoires.

Art. 22.

Sous le rapport des intérêts à percevoir, ces nouveaux bons définitifs jouiront des mêmes droits et avantages que ceux des catégories qui les priment; mais, quant au remboursement du capital, ils seront les derniers à y avoir droit.

Art. 23.

Il sera procédé de la même manière, chaque fois que la Banque spéciale aura effectué le remboursement d'un nouveau dixième de ses bons définitifs.

Art. 24.

Quand une créance ou portion de créance passera ainsi de la quatrième catégorie dans la troisième, c'est-à-dire, lorsque, par suite des paiements déjà faits par la Banque, ou par suite d'une valeur foncière supérieure à vingt-cinq fois le revenu cadastral, reconnu par expertise comme il a été dit en l'article 18, il arrivera que des créances nouvelles pourront se placer en rang utile sur la valeur des biens qui leur sont affectés, — dès ce moment la Banque spéciale se trouvera chargée de la liquidation de ces créances ou portions de créances, et, pour que cette liquidation puisse se réaliser, le débiteur sera tenu de payer à la

Banque, pendant trente ans, l'intérêt à cinq pour cent des sommes nouvelles qu'elle se charge d'amortir et d'éteindre.

Art. 25.

Pour favoriser la Banque spéciale, pour la décharger de tous frais, pour augmenter ses ressources et pour activer la libération des propriétés grevées, l'État, dans l'intérêt des débiteurs et de tous créanciers ayant hypothèque sur le sol français,

Se charge :

1° De tous les frais d'établissement, d'administration et d'exercice de la Banque spéciale, de manière à ce qu'aucune dépense de personnel ou de toute autre nature ne grève la liquidation patriotique pour laquelle elle est instituée;

2° Pour rendre plus sûres, plus faciles et plus promptes la marche et la réalisation complète des opérations de la Banque spéciale, l'État lui concède exclusivement, pendant toute leur durée, à titre de secours, le produit total d'un impôt à établir en augmentation de ceux qui existent déjà, sur les successions et transmissions collatérales, de telle sorte que les droits d'enregistrement

Sur les meubles — entre oncles et tantes, — neveux et nièces, — qui sont actuellement de trois francs pour cent, seront doublés. Le droit actuellement perçu restera au Trésor, et la moitié surimposée appartiendra à la Banque spéciale.

Il en sera de même du droit sur les immeubles, qui

de six francs cinquante centimes sera porté à treize francs.

Entre grands oncles et grand'tantes, petits-neveux et petites-nièces, cousins germains, le droit de quatre pour cent sur les meubles sera porté à huit;

Sur les immeubles, de sept à quatorze.

Entre parents au-delà du quatrième degré et jusqu'au huitième, le droit sur les meubles sera de dix francs pour cent, et sur les immeubles de seize pour cent.

Le droit successible s'éteindra au-delà du huitième degré, et les successions, ainsi déclarées vacantes, appartiendront par moitié à l'État et par moitié à la Banque spéciale.

Jusqu'au quatrième degré, lorsque le défunt ne laissera que des héritiers collatéraux, sa succession se partagera par moitié entre les deux lignes; mais si l'une des deux lignes est éteinte, la moitié de la succession qui l'aurait concernée ne reviendra plus à la ligne existante : cette moitié sera partagée entre l'État et la Banque spéciale.

Cette affectation d'impôt est faite par l'État, exclusivement et par privilége au profit de la Banque spéciale, et cela jusqu'aux complets rachats et annulations de ses bons définitifs de toutes les émissions (*j*).

Art. 26.

Pour faciliter encore l'action de cette Banque, l'État renonce formellement, à son égard, à tous droits de timbre, d'enregistrement et d'amende, sur tous les actes de conservation, de poursuites ou autres relatifs à ses opérations.

Tous certificats des bureaux des hypothèques lui seront délivrés gratuitement.

La prescription ne courra pas à l'encontre des titres de créances qui lui auront été transmis, et cela, pendant les trente ans de son exercice, dévolus à chaque émission de bons définitifs, ce qui l'affranchirades embarras et frais de toutes reconnaissances et renouvellements.

Toutes inscriptions prises en son nom le seront gratuitement, et leur effet durera trente ans, ce qui dispensera la Banque de tout renouvellement pendant la durée de son exercice.

Art. 27.

Une loi spéciale abrégera, facilitera et rendra moins coûteuse à son égard la procédure et les formalités des expropriations, règlements d'ordre et paiements des bordereaux, pour lesquels elle ne sera soumise à aucun droit de quittance, non plus que pour les soultes qu'elle pourra avoir à restituer à certains propriétaires de biens expropriés, après que la Banque spéciale aura acquitté leurs dettes hypothécaires ou toutes autres qui auraient figuré utilement dans l'ordre et distribution.

Art. 28.

Toutes les affaires litigieuses de la Banque spéciale

seront jugées par les cours et tribunaux comme affaires urgentes et sommaires.

Art. 29.

La Banque spéciale aura son siége principal et son administration centrale à Paris ; mais, au chef-lieu de chaque département, de chaque arrondissement de sous-préfecture, elle aura un bureau subordonné de correspondance, de renseignements et de liquidation pour ces circonscriptions territoriales : le tout organisé par l'Etat, payé et entretenu à ses frais en principal et accessoires.

Art. 30.

Les fonds provenant de l'impôt sur les successions mentionné en l'article 25 ; les intérêts des bons successivement payés et annulés ; le un pour cent réservé, suivant l'article 17, à l'amortissement et extinction de la dette hypothécaire française, et les agios que produira en faveur de la Banque spéciale un compte courant qu'elle devra ouvrir avec la Banque de France et qui sera toujours créditeur, seront cumulés et réunis chaque cinq ans dans la caisse de la Banque spéciale.

Alors, après qu'elle aura effectué le paiement de tous les semestres des années échues, et mis en réserve la somme nécessaire au paiement des deux semestres de l'année suivante, — les fonds qui resteront disponibles seront employés au paiement et extinction, suivant l'ordre des catégories et la décision du sort,

2

— d'une somme égale des bons définitifs de ladite Banque.

Art. 31.

Les bons à solder seront d'abord tirés au sort parmi ceux de la première catégorie jusqu'à épuisement;

Puis parmi ceux de la seconde;

Puis de la troisième;

Et de la quatrième enfin, s'il y a lieu, suivant le même principe, après conversion des bons provisoires en bons définitifs.

Toutefois, dans chaque catégorie, la priorité de paiement sera accordée aux bons spéciaux de moins de cinq cents francs, mentionnés en l'art. 4,—pourvu que ces bons minimes provisoires aient été convertis en bons définitifs.

Art. 32.

Les bons définitifs de la Banque spéciale pourront être cotés à la Bourse, vendus et négociés comme les effets publics, transmis par endossement; mais leur circulation sera complétement facultative et volontaire. Ils ne pourront jamais avoir de cours forcé pour quelque cause que ce soit (*k*).

Art. 33.

Le délai fixé par la Banque spéciale pour avoir effectué le remboursement complet de ses bons définitifs, est de trente ans à partir de son entrée en exercice pour les bons résultant de sa première émission, alors que fut faite la division générale des créances inscrites en quatre classes.

Quant aux bons définitifs émis postérieurement et résultant du passage des créances de la quatrième catégorie aux catégories meilleures, leur remboursement devra aussi être parachevé dans un délai de trente ans, qui commencera à courir de l'époque de leur émission, laquelle sera spécialement mentionnée sur chacun de ces bons ; à l'expiration du délai respectif de trente ans, les bons de chaque émission devront être tous payés, retirés et annulés au moyen des ressources déjà mentionnées et, au cas d'insuffisance, par le produit de la vente de la portion nécessaire des immeubles appartenant à ceux dont toutes les dettes hypothécaires ne seraient pas encore éteintes. La portion des immeubles vendus serait d'ailleurs, pour chaque propriétaire, proportionnelle à la quotité de ses engagements inscrits, encore en souffrance (*l*).

Art. 34.

A la fin de la vingt-huitième année du classement de leurs dettes dans l'une des trois premières catégories sus-mentionnées, les propriétaires de fonds grevés seront tenus de payer à la Banque spéciale la moitié de ce qui ne serait pas encore éteint de leurs dettes hypothécaires.

L'autre moitié de ce résidu devra être payée par eux dans le courant de la vingt-neuvième année, le tout sans préjudice des intérêts à servir, conformément à l'article 16.

Art. 35.

Si, pendant tout le temps de l'exercice de la Banque spéciale, ses débiteurs ne sont point exacts à payer leur cinq pour cent d'intérêt annuel, la Banque devra poursuivre leur expropriation après deux annuités de retard et pour le seul fait de cette inexactitude.

Art. 36.

Si, à la fin de la vingt-huitième année, les débiteurs de la Banque spéciale n'ont pas payé exactement les intérêts et la moitié du résidu qu'ils pourront devoir sur le capital, tout amortissement précompté, la Banque procédera à l'expropriation, comme il est dit ci-dessus.

Art. 37.

Il en sera de même, pour cause de non-paiement d'intérêt ou du résidu complet de toute dette, à l'expiration de la vingt-neuvième année. Alors, tout ce qui ne serait pas encore soldé à la Banque spéciale devrait l'être, sous peine d'expropriation immédiate, attendu que, dans le courant de l'année suivante, tous les bons émis depuis trente ans par cet établissement doivent être payés, retirés et détruits, et les opérations de cette banque, relatives à cette catégorie de dettes, complètement liquidées (*m*).

ART. 38.

Dès qu'une expropriation sera faite et liquidée, le produit en sera appliqué :

1° Au paiement des intérêts dus à la Banque ;

2° Du capital et frais dus au même établissement.

S'il y a un excédant, il sera distribué, suivant l'ordre de leurs droits :

1° Entre les créanciers porteurs de bons provisoires de la Banque spéciale ;

2° Aux autres créanciers hypothécaires s'il y en a (*n*);

3° Enfin, aux créanciers chirographaires, s'il s'en présente à l'ordre, ou au propriétaire exproprié, lui-même, s'il n'y a pas opposition.

ART. 39.

A quelque époque que ce soit, tout débiteur de la Banque spéciale peut affranchir ses biens et se libérer complètement envers elle; en soldant tout ce qu'il reste lui devoir en capital, intérêts et frais sur le montant de son passif hypothécaire primitif, — déduction faite du dégrèvement proportionnel opéré jusqu'à ce moment à son profit, tant par l'effet de l'un pour cent destiné à l'amortissement, pendant tout le temps qu'il l'a payé, que par l'effet du concours de l'Etat, c'est-à-dire de l'impôt sur les successions.

La somme, fixée sur ces bases pour sa libération à une époque quelconque, est versée dans la caisse de la Banque spéciale et confondue avec ses ressources ordinaires.

Art. 40.

Les bons définitifs de la Banque spéciale seront admis par le gouvernement, *comme espèces*, pour le paiement des droits de successions collatérales, et cela, dans la proportion de ces droits afférents à la Banque spéciale, c'est-à-dire par moitié.

Je l'ai dit en commençant : — je ne puis avoir l'ambitieuse prétention de m'ériger en législateur.

Si j'ai produit mon système sous forme de projet de loi, c'est pour le rendre plus clair, plus précis et plus facile à comprendre ; mais je n'ignore pas qu'il s'agit ici d'une codification de très-haute importance, qui doit passer par les mains des hommes spéciaux les plus éminents.

J'ai pris la plume quand j'ai vu les dangers de la situation politique et financière de la France, et je crois que l'adoption et l'exécution régulière de mes idées, quant au fond (je sacrifierais la forme sans difficulté), amèneraient des résultats de la plus haute importance.

Trente ans après l'institution de la Banque spéciale, il n'y aura plus en souffrance que les quelques créanciers porteurs d'un reliquat de ses bons provisoires, auxquels le rang d'inscription de leurs titres n'aura pas permis de passer de la quatrième catégorie dans la troisième ; ou bien les possesseurs de créances hypothécaires nouvelles, établies depuis la promulgation de la présente loi.

L'Etat aurait à examiner alors :

S'il conviendrait que la Banque spéciale cessât ses opérations et que les créances hypothécaires encore existantes rentrassent sous le régime des lois antérieures, auquel cas la loi actuelle serait abrogée ;

Ou bien, s'il ne serait pas plus utile aux intérêts généraux du pays, à ceux de l'agriculture en particulier, que la loi actuelle fût prorogée et maintenue. — Dans cette hypothèse, tant le reliquat des créances hypothécaires antérieures à l'institution de la Banque, que celles consenties depuis sa mise en exercice, seraient à leur tour graduellement éteintes par une liquidation nouvelle, opérée suivant les principes de la première, ou conformément aux améliorations que l'expérience porterait à y introduire.

Dans le cas où la loi actuelle serait abrogée, les créanciers hypothécaires anciens, non payés, et ceux venus postérieurement à la promulgation de la présente loi, auraient toujours obtenu une amélioration évidente de leur gage foncier, par suite de la liquidation déjà faite. En effet, cette opération aurait annulé la presque totalité des créances hypothécaires qui primaient les leurs, et les biens de chaque débiteur se trouveraient, par les opérations de la Banque spéciale, affranchis de la totalité, ou du moins de la plus grande partie des créances hypothécaires plus anciennes que la présente loi.

Dans le cas où elle serait prorogée, ceux des anciens créanciers qui ne seraient pas encore payés à cette époque et les créanciers nouveaux jouiraient, tous ensemble, des avantages précieux de la Banque spéciale, — c'est-à-dire :

Du paiement exact des intérêts,

Et du remboursement graduel des capitaux, lequel résulterait encore pendant cette nouvelle phase :

De la retenue faite sur l'intérêt payé par le débiteur;

Des bénéfices résultant pour la Banque de l'extinction graduelle de sa dette, tandis que ses revenus ne diminueraient pas;

De la subvention sur les successions collatérales, que le gouvernement renouvellerait;

De l'affranchissement des frais pour conservation de créances, poursuites et de tous autres frais fiscaux onéreux;

De la simplification, économie et rapidité des procédures;

Enfin de l'administration gratuite de la Banque spéciale, tant à son siége central que dans les succursales.

Le gage du capitaliste ayant désormais toute la solidité désirable, et les intérêts lui étant exactement servis, à un taux raisonnable, sans frais et sans tribulations; le capital étant toujours disponible par la transmissibilié des coupons de la Banque, le prêteur n'aurait certainement pas à se plaindre de son sort.

D'autre part, le débiteur verrait s'éteindre peu à peu la dette capitale qui l'écrase ; — il n'aurait plus de frais ruineux à supporter, et, même, l'amortissement de sa dette compris, — il n'aurait à payer que des agios moins lourds que par le passé.

De pareilles conditions lui paraîtraient sans doute excellentes; et quels efforts ne ferait-il pas pour en profiter?

Ainsi l'usure serait radicalement détruite, supprimée; et, puisqu'en ne payant qu'un intérêt modéré, les débiteurs verraient leurs engagements diminuer peu à peu et leurs immeubles être incessamment dégrevés, — désormais toute position compromise pourrait se réhabiliter par le travail, l'ordre et l'économie :

Le propriétaire français serait véritablement affranchi.

Quant au créancier, nous ne saurions trop le répéter : — Délivré de toute sollicitude sur le sort de son capital, — il toucherait exactement, à proximité, sans désagréments et sans frais un intérêt raisonnable ;

Il aurait de plus l'avantage de pouvoir négocier et vendre, à l'instar des titres de la dette publique, ceux de ses créances privées, que le gouvernement accepterait d'ailleurs comme espèces dans un cas déterminé.

L'excellence des bons de la Banque spéciale porterait immédiatement et soutiendrait à coup sûr leur cours au moins au pair.

Par suite de la dépréciation constante du numéraire et de l'augmentation corrélative de la valeur du sol, au bout de trente ans celle des propriétés affectées à la garantie de ces bons aurait notablement augmenté par cette progression naturelle, tandis qu'au contraire, la dette serait éteinte ou presque réduite à rien, les coupons étant tous, ou presque tous, retirés, soldés et détruits.

La valeur générale des immeubles se soutiendrait, augmenterait même en France, parce que des expropriations incessantes ne viendraient pas tous les jours offrir aux acquéreurs des propriétés qu'il faut vendre, bon gré, mal gré, même au prix le plus infime.

Dans les conditions nouvelles, tout homme d'ordre pourrait conserver sa propriété, — et la Banque étant seule chargée de toutes les exécutions de rigueur, il n'y aurait plus antagonisme, haine, conflit entre le débiteur et le créancier.

Avec un amortissement trentenaire, que le débiteur n'achèterait que par des annuités de cinq pour cent, l'expropriation qui dans le système actuel menace la majorité des propriétaires, n'aurait plus à frapper que quelques-uns d'entr'eux livrés à la dissipation ou à l'incurie.

Les poursuites seraient possibles, car leur nombre infiniment réduit atteindrait plus de coupables que de malheureux, et c'est là le côté politique et véritablement moral du projet de loi.

La propriété serait mobilisée dans sa valeur, sans que le propriétaire en fût dépossédé;

L'amour du sol et du foyer, les vertus héréditaires du cultivateur ne seraient point altérés;

Aucun déclassement subit ne menacerait la paix de la société.

La certitude, désormais acquise, de toucher les intérêts exactement et de réaliser le capital à volonté, appellerait en abondance le numéraire dans les campagnes.

Les grands travaux deviendraient pratiquables en faveur de l'agriculture (*o*).

Nous croyons impossible que ces bienfaits immenses précèdent la liquidation générale des dettes hypothécaires; — mais on aura compris, nous l'espérons, qu'ils résulteraient forcément de cette liquidation même.

Le crédit foncier n'existera jamais avant elle : — il dépend de la Banque spéciale; — il ne peut naître et s'agrandir que par l'établissement et les progrès de cette institution.

Quand la liquidation hypothécaire sera faite, LE CRÉDIT FONCIER SERA FONDÉ.

Toute autre voie est une impasse.

Anduze, le 20 mai 1850.

NOTES.

(*a*) Article 1er— Dans l'état actuel de la législation, *la liquidation peut-elle se faire, sans écraser les propriétaires débiteurs, sans laisser en dehors la plupart des créanciers eux-mêmes*? C'est là ce qu'il faut d'abord examiner en fait. Les opinions sur ce point seront, sans doute, divergentes; — quant à moi, je crois qu'il est indispensable de favoriser la liquidation de la dette hypothécaire, autant dans l'intérêt du créancier que dans celui du débiteur; c'est le côté politique de la question. *Si l'on admet avec moi cette nécessité de faire quelque chose d'efficace*, j'espère qu'on reconnaîtra que les moyens que je propose sauvegardent à la fois, et autant que possible, les intérêts bien compris de toutes les parties.

(*b*) Art. 2. — L'Etat n'apparaît ici que pour exercer un patronage utile à l'institution, pour lui imprimer dans toutes les localités une impulsion uniforme, pour augmenter les garanties de ceux pour lesquels on agit.

Mais, en dehors de ces secours, la Banque, l'Etat, le Trésor public sont choses complètement distinctes et séparées.

(*c*) Art. 3. — La Banque ne devient nullement propriétaire des titres qui lui sont plutôt confiés que cédés; — elle n'a qu'une *délégation temporaire des créanciers*, avec mandat spécial d'opérer la liquidation de leurs titres; ce mandat cesserait de droit, si elle s'écartait des conditions prescrites.

Rien n'empêchera que les créanciers gardent par devers eux les titres constitutifs de leurs créances; — seulement, l'estampille de la Banque, appliquée sur les expéditions et sur la minute notariée, indiquerait que toute action en résultant est suspendue tant que la Banque travaille à leur liquidation.

(*d*) Art. 4. — La délivrance de ces coupons n'a pas pour but de remplacer le titre actuel du créancier, mais de mettre à sa disposition un titre supplémentaire uniforme, connu de tous, ayant partout la même valeur et pouvant, tous les jours, sur un marché public, se transformer en espèces.

Il est vrai que, dans le système actuel, le créancier a le droit d'exproprier son débiteur à l'échéance du titre, si celui-ci ne trouve à couvrir un ancien emprunt par une dette nouvelle, car ce n'est qu'au moyen de l'amortissement à long terme que la propriété foncière peut réellement se libérer.

Or, le changement de créancier est souvent fort difficile, et, dans tous les cas, très-onéreux au débiteur; mais l'expropriation l'est bien plus encore.

Le créancier humain ne la poursuit qu'à la dernière extrémité ; il a déjà perdu plusieurs annuités de ses intérêts quand il se décide à l'entreprendre.

Par suite de leur mauvaise tenue dans les mains de débiteurs gênés et découragés, les immeubles se détériorent et se vendent mal, surtout quand la vente est forcée. En dernière analyse, la position du débiteur et de sa famille est détruite, et la plupart des créanciers, les moins exigeants surtout, perdent notablement sur leur capital ou les intérêts.

Ne leur vaudrait-il pas beaucoup mieux un intérêt raisonnable exactement payé, le remboursement intégral du capital assuré quoiqu'à plus long terme, et, pour les cas où ils auraient un besoin plus prochain de ce capital, l'avantage si grand d'avoir dans les mains une valeur supplémentaire instantanément négociable et qui se soutiendra toujours, au moins, au pair du taux de son émission, par suite des primes et secours que notre projet de loi lui accorde.

(e) Art. 6.—Ces règlements, titres nouveaux consentis, quittances faites, inscriptions prises ou radiées, devant fixer les sommes que les débiteurs auront tous les six mois à payer à la Banque spéciale et celles que les créanciers pourront chaque semestre en retirer, seront nécessairement très-nombreux dans les premiers moments, ce qui donnera au gouvernement des recettes très-considérables.

(f) Art. 7. — Le taux légal des prêts sur hypothèque étant à cinq pour 0/0, peut-on, *pour les créances actuellement existantes*, le réduire à quatre par une loi?

Ce point sera très-vivement contesté.

Il y a, d'un côté, nous le reconnaissons, convention légitimement faite.

Mais, d'autre part, ne trouvons-nous pas l'inexactitude de la plupart des débiteurs pour le paiement, — les frais et le désagrément des poursuites, — l'incertitude du moment où l'on pourra toucher ses revenus?

De plus, — le taux de cinq pour cent est supérieur à celui que paient les propriétaires emprunteurs dans la plupart des Etats civilisés de l'Europe; — et, d'après tous les économistes, c'est la plus haute limite de ce que la propriété peut supporter sans aboutir à la ruine du propriétaire.

Il est urgent que le taux actuel soit légalement abaissé.

Notre proposition ne diffère donc, de ce qui sera inévitablement fait, qu'en ceci : —qu'elle s'applique aux prêts existants, tandis que, d'après les règles du droit commun, elle ne devrait atteindre que les prêts à venir.

Le législateur devra donc réfléchir sur la rigueur du principe d'une part, et sur la nécessité publique de l'autre. Car, au point de vue de l'intérêt matériel du créancier, la rétroactivité de la loi n'aurait qu'assez peu d'importance, attendu que, malheureusement, les prêts hypothécaires sont en général à courte échéance.

Ce serait tout au plus pendant deux ou trois ans que les créanciers subiraient forcément le régime d'une loi contre laquelle ils ne pourraient plus faire d'objections, une fois l'échéance de leur créances actuelles arrivées.

Nous croyons, au reste, que, s'ils comprenaient bien leurs intérêts, ils accepteraient volontairement le changement de régime ; il serait même possible de les y pousser sans violence, en abaissant d'ores et déjà le taux de l'intérêt pour l'avenir, et en accordant quelques avantages à ceux qui voudraient immédiatement adopter la législation nouvelle.

Ainsi nous disons dans l'art. 8, que, *pendant le classement des créances, chaque débiteur paiera l'intérêt des sommes inscrites contre lui à quatre pour cent* ; il serait peut-être plus rationnel et mieux en harmonie avec l'ensemble de cette loi qu'il fût compté cinq pour cent avant comme après ce classement ; que les créanciers touchassent aux deux époques quatre pour cent, et que le un pour cent de différence servît de prime à ceux qui accepteraient volontairement la conversion.

(*g*) Art. 10. — L'évaluation de vingt-cinq fois le revenu cadastral n'a rien d'absolu, ce n'est qu'un exemple. On pourra prendre trente fois le revenu cadastral au lieu de vingt-cinq, si on le trouve convenable; l'essentiel est que les intérêts de la liquidation ne soient point compromis.

(*h*) Art. 13. — Les créanciers de la quatrième catégorie semblent sacrifiés au premier abord : cependant il n'est pas douteux que, pour eux, sont les plus grands avantages.

Dans l'état actuel, leur titre est absolument sans valeur; — il en prend une par le fait du projet de loi. Pendant la liquidation successive des premières catégories, et de dix en dix ans, les titres, en rang perdant aujourd'hui, entreront progressivement en rang utile; tandis qu'ils seraient perpétuellement en dehors du gage sans la loi nouvelle.

Ces coupons provisoires acquerront donc, par le seul fait de cette loi, des droits, à long terme si l'on veut, mais enfin des droits réels, appréciables, qui permettront de les négocier, de les vendre. Dans l'état actuel, les titres hypothécaires, qui se trouvent évidemment en dehors de la valeur des propriétés du débiteur, ne sont bons qu'à jeter au feu.

(*i*) Art. 15. — Les créances dont la banque spéciale serait chargée d'opérer la liquidation ont une exigibilité fixée par les conventions stipulées entre le débiteur et le créancier; notre loi changerait impérieusement cette convention librement consentie; le remboursement serait retardé; *il n'aurait lieu que par portions échelonnées suivant les produits de l'amortissement.*

Cette solution est évidemment très-grave, mais elle m'a paru nécessaire dans l'état où se trouve le pays; je désirerais, en bon citoyen, que mes idées sur ce point fussent complètement erronées; mais, dans ma conviction, il faut indispensablement à la propriété foncière *prorogation des échéances de sa dette et possibilité de l'éteindre par l'amortissement*; et même avec ces immenses avantages, la propriété ne peut pas payer des annuités de plus de cinq pour cent.

D'autre part, comme il s'agit d'une loi dont le motif est politique, la société, dans l'intérêt de laquelle elle est faite, doit participer en quelque chose aux dommages qu'elle peut occasionner, et diminuer, autant qu'il est en elle, les inconvénients de la restriction apportée à des droits légitimes.

C'est dans le but de satisfaire à ces diverses conditions que nous avons dû fixer le taux des annuités, savoir : à quatre pour cent pour l'intérêt, à un pour cent pour l'amortissement du capital, en tout cinq pour cent ;

Que nous avons voulu que le produit d'un nouvel impôt fût concédé par l'Etat à la Banque, c'est-à-dire payé par la généralité des citoyens, à l'effet d'accélérer la marche de l'amortissement, ce qui est aussi avantageux aux débiteurs qu'aux créanciers ;

Enfin, pour ceux, parmi ces derniers, qui auraient un besoin immédiat de leurs fonds, la Banque fournit un papier qui, par les avantages dont elle est gratifiée, sera certainement négociable à de bien meilleures conditions que les titres hypothécaires actuels.

De plus amples développements nous sont interdits dans une simple note ; cependant, pour ceux qui n'approuveraient pas nos idées, nous allons citer un exemple, à leur appui.

Après la paix de 1763, le Roi de Prusse, Frédéric-le-Grand, voulant apporter un soulagement à la position des propriétaires silésiens, dont les dettes étaient énormes, et que l'expropriation menaçait chaque jour, n'imagina rien de mieux, d'abord, que de *proroger pour trois ans les remboursements exigibles à cette époque.*

Cette suspension légale des paiements fut remise en vigueur dans toute la Prusse par un édit du 19 mai 1807 ; l'*indulgence*, qui ne devait durer que jusqu'en 1818, fut prorogée pour certaines provinces jusqu'en 1832.

Ce moyen ne put suffire tout seul pour relever les propriétaires de leur position désastreuse ; mais la prospérité revint, lorsqu'à l'atermoiement de l'exigibilité on joignit la faculté de libération successive au moyen de l'amortissement.

Tandis que les débiteurs se libéraient à des conditions bien plus douces que par le passé, au moyen de paiements annuels de six pour cent au plus, intérêt et réserve d'amortissement compris, les *lettres de gage*, titre nouveau représentatif des créances, se négocièrent facilement comme les effets publics, et bientôt au-dessus de leur prix d'émission.....

Mon projet doit soulever de nombreuses oppositions; je m'y attends. Il y en aura sans doute beaucoup d'intéressées ; mais d'autres reposeront sur des scrupules respectables.

Y-a-t-il nécessité d'agir? je l'ai cru, et les miens ont cessé.

Si mes études ultérieures me prouvaient que j'ai mal apprécié la position de la France, je reconnaîtrais bien volontiers mon erreur, comme je m'empresserais d'adapter à mon système tout moyen praticable et plus doux de satisfaire à la situation.

(*j*) — Art. 25. — Avec un pour cent d'amortissement, la liquidation de la banque livrée à elle-même ne pourrait être effectuée qu'au bout de quarante-deux ans.

S'il est vrai que la loi proposée réponde à une nécessité politique, elle est dans l'intérêt du plus grand nombre, et dès lors, si elle froisse des droits privés, la société doit, autant que possible, adoucir des sacrifices nécessaires.

Quels sont les effets de notre projet en ce qui concerne les débiteurs?

Il les favorise extrêmement, car, tandis qu'auparavant on pouvait leur faire payer cinq pour cent d'intérêts, et des frais énormes de conservation ou de renouvellement, et cela à perpétuité, sans qu'ils se libérassent en rien sur le capital; — affranchis de tous frais désormais, — ils ne paieront plus que les mêmes annuités, — et, dans trente ans, leur dette capitale sera complètement éteinte.

Pourquoi cet ensemble de faveurs à l'encontre des conditions faites?

Parce qu'il est reconnu que quand les dettes s'élèvent à un certain chiffre, le propriétaire agriculteur est dans l'impossibilité de se libérer; que sa ruine alors est certaine.

Pour qu'il arrive à s'affranchir un jour, en évitant l'expropriation, il faut nécessairement qu'au moyen d'annuités dont le taux ne dépasse pas cinq pour cent, il lui soit donné, à la fois, de satisfaire à l'intérêt de ses dettes, et d'en éteindre successivement le capital.

L'intérêt légal se trouvant abaissé d'un pour cent à l'encontre du créancier, qui perd de plus le droit d'exiger son capital au terme convenu, la société, pour l'indemniser autant qu'elle le peut de cette restriction de ses droits, qu'à la rigueur des principes on ne devrait imposer que sur l'avenir et non sur les créances établies sous un autre régime, accorde les avantages suivants à titre de compensation :

1° L'Etat décharge le créancier de tous soins et de tous frais en renonçant à plusieurs perceptions fiscales, et en mettant les dépenses d'administration de la Banque, le coût et l'exécution des poursuites de tout genre et des expropriations, à la charge du Trésor public ;

2° L'Etat paie exactement l'intérêt aux créanciers de six en six mois, tandis qu'ils ne doivent le toucher aujourd'hui qu'au bout de l'année, et, qu'en général, ils ne peuvent compter que très-peu sur l'exactitude de ces paiements ;

3° Dans le cas même de retard de la part de quelques débiteurs, le produit d'un impôt spécial donne à la Banque les moyens de s'acquitter au temps fixé ;

4° Le produit de cet impôt permet encore de rapprocher le terme du remboursement du capital, en opérant l'amortissement en trente ans, au lieu de quarante-deux, et en mettant, tous les cinq ans, un sixième de ce capital dans les mains du créancier.

Les sûretés primitivement attachées au titre hypothécaire, jointes aux sacrifices faits par l'Etat doivent rendre les bons de la Banque si solides et si commodes qu'ils auront immédiatement la même valeur que les espèces ; de sorte qu'au point de vue de l'exigibilité du capital, article qui doit donner lieu aux objections les plus sérieuses, — il est évident que les créanciers auront beaucoup plus à gagner qu'à perdre.

Ainsi donc justice complète serait faite d'ores et déjà, si l'intérêt convenu et légal encore, de cinq pour cent, était payé aux créanciers, depuis la promulgation de notre loi jusqu'à l'échéance des créances respectives, au lieu de celui de quatre.

Il ne serait peut-être pas impossible de le régler ainsi. On aurait alors satisfait à toutes les exigences légitimes ; car rien ne s'oppose, même la moralité la plus scrupuleuse, à ce que le taux légal de l'intérêt lorsqu'il y a gage hypothécaire, ne soit plus que de quatre pour cent à dater de la promulgation de la loi.

Un simple article additionnel pourrait le déclarer ainsi.

On nous dira peut-être : — Pourquoi surimposer les successions collatérales ?

Si l'on reconnaît la nécessité politique de la loi, il faut, nous l'avons vu, que l'Etat en équilibre les avantages et les charges :

Pour qu'il y parvienne, il est nécessaire de lui fournir des ressources spéciales, c'est-à-dire de créer un nouvel impôt.

Pour asseoir celui-ci, peut-on s'adresser à la propriété foncière, qu'au contraire on veut dégrever ;

Au commerce, à l'industrie qui plient sous le poids de leurs charges et de leurs revers ;

A-t-on, dans des temps comme les nôtres, à des conditions acceptables, la ressource des emprunts, dont au reste les Etats, comme les particuliers, ne peuvent pas abuser impunément ;

Les impôts indirects ne sont-ils pas poussés aussi loin que possible ?

Il ne reste donc que les successions.

Or, personne ne contestera qu'il vaut beaucoup mieux charger la ligne collatérale que la ligne directe.

Peut-on dire que la famille existe réellement au-delà du huitième degré ;

Lorsque l'une des deux lignes s'éteint, le retour de l'une à l'autre, au-delà du quatrième degré, est-il réellement dans le droit naturel ;

Enfin, bien que les collatéraux doivent, sans aucun doute, hériter de ce qui leur vient de leurs parents, préférablement aux étrangers ; néanmoins, lorsque la nécessité veut que l'Etat impose des sacrifices à quelqu'un en augmentant les droits qui frappent les héritages, n'est-ce pas les collatéraux évidemment qu'il doit frapper de préférence ?

En effet, ils n'ont pas toujours compté sur ces biens qui leur adviennent plus souvent par suite de malheurs inattendus que par l'ordre naturel des choses ;

L'héritier collatéral ne naît pas dans le patrimoine que la loi atteint, il n'a pas contribué à le féconder, à l'accroître.

Les soins et l'affection, qui sont les meilleures sources du droit de succéder, diminuent à mesure que la parenté s'éloigne ;

Un héritage collatéral est, le plus souvent, un avantage inattendu que le fisc peut amoindrir sans causer aux citoyens une peine aussi vive, une gêne aussi réelle que s'il leur prenait une portion de cette fortune actuelle ou d'hérédité directe sur laquelle reposent les espérances positives, les conditions d'existence de chacun.

En résumé, LA LOI PROPOSÉE EST-ELLE NÉCESSAIRE ?

S'il en est ainsi, tout ce qu'elle contient me semble se justifier de lui-même.

(*k*) Art. 32. — De toutes les propriétés mobilières, ce sera sans contredit la meilleure ; car une garantie suffisante réside déjà dans la valeur immense des propriétés frappées par les créances incrites, valeur transmise comme gage à la Banque spéciale et répondant désormais, par privilége, de la validité de ses engagements, *de ses bons.*

De plus, le un pour cent par an dont la Banque spéciale profite et qui est la différence entre l'intérêt annuel qu'elle paie aux porteurs de ces bons, et celui qu'elle perçoit de ses débiteurs pendant trente ans est, à lui seul, un moyen puissant, presque complet d'amortissement, auquel vient d'ailleurs se joindre l'impôt stipulé sur les successions.

Enfin, à mesure que, par ces deux ressources, les dettes de la Banque spéciale diminueront peu à peu, sa puissance d'action croîtra avec rapidité, car elle n'aura plus à servir l'intérêt des sommes qu'elle aura payées, tandis que les débiteurs primitifs lui compteront toujours les mêmes agios.

Il est donc certain que, si la Banque spéciale est bien administrée, tous ses bons seront payés et annulés au bout de trente ans, c'est-à-dire que la dette hypothécaire française, *placée en rang utile*, sera complètement éteinte, sans qu'il en ait coûté autre chose aux propriétaires du sol qu'un intérêt de cinq pour cent servi avec exactitude !...

Aujourd'hui, ils paient, en moyenne, de six à sept pour cent, frais et mutation compris, et le capital emprunté n'en grève pas moins *à perpétuité* la propriété foncière !...

(*l*) Art. 33. — Après l'action des moyens d'amortissement dont on dispose, le chiffre des créances non encore éteintes ne pourrait-être, au pis-aller, qu'infiniment réduit.

(*m*) Art. 37. — Nous parlons toujours de ces soldes ou résidus au conditionnel, parce qu'il nous paraît évident que, par la force de l'amortissement dont la Banque est dotée, jointe au secours gouvernemental, c'est-à-dire l'impôt sur les successions, toutes les créances hypothécaires doivent être éteintes trente ans après leur classement dans l'une des trois premières catégories. L'amortissement au moyen de la simple retenue de un pour cent éteint le capital au bout de trente-six ans : *les soixante-six centièmes sont éteints à trente ans ;* à vingt ans, on n'aurait amorti que trente pour cent.

Si donc l'impôt sur les successions amortissait dans les trente ans un tiers seulement de la dette hypothécaire, les propriétaires actuellement grevés n'auraient pas autre chose à compter pour leur complet affranchissement que leurs cinq pour cent d'intérêt annuel : et c'est pour cela que la Banque spéciale serait évidemment une fondation de patriotisme et de bienfaisance.

(*n*) Art. 38. — Il ne pourra y avoir en dettes inscrites que celles qui, d'après la valeur du bien, n'ont pu passer pendant la liquidation, de la quatrième catégorie dans les précédentes, — ou bien les dettes consenties depuis le commencement de la liquidation, — car les propriétaires sans crédit à cette époque en auraient après, avec une facilité relative à l'affranchissement graduel de leurs immeubles.

(*o*) On trouve très-difficilement à bien placer les fonds à quatre pour cent en France;

En Hollande, en Angleterre, l'intérêt annuel est à trois pour cent et souvent plus bas;

Comment la valeur mobilière française, la plus solidement établie, n'appellerait-elle pas, *au revenu de quatre pour cent*, les capitaux du pays et même ceux de l'étranger ?

www.ingramcontent.com/pod-product-compliance
Ingram Content Group UK Ltd.
Pitfield, Milton Keynes, MK11 3LW, UK
UKHW022151170726
13837UKWH00004B/1926